NOTICE

SUR L'ÉTAT ANCIEN ET NOUVEAU

DE LA GALERIE

DE L'HOTEL DE TOULOUSE

PARIS

IMPRIMÉ A LA BANQUE DE FRANCE

MDCCCLXXVI

Réimprimé en 1903

NOTICE

SUR L'ÉTAT ANCIEN ET NOUVEAU

DE LA GALERIE

DE L'HOTEL DE TOULOUSE

NOTICE

SUR L'ÉTAT ANCIEN ET NOUVEAU

DE LA GALERIE

DE L'HOTEL DE TOULOUSE

PARIS

IMPRIMÉ A LA BANQUE DE FRANCE

MDCCCLXXVI

Réimprimé en 1903

DESCRIPTION

DE LA GALERIE

DE L'HOTEL DE TOULOUSE

EXTRAIT DE L'OUVRAGE INTITULÉ :
DESCRIPTION DE PARIS, DE VERSAILLES, DE MARLY, DE MEUDON,
DE SAINT-CLOUD ET DE TOUTES LES AUTRES
BELLES MAISONS ET CHATEAUX DES ENVIRONS DE PARIS.
PAR M. PIGANIOL DE LA FORCE;
NOUVELLE ÉDITION, 1742. — 8 VOL. IN-12.

DESCRIPTION

DE LA GALERIE

DE L'HOTEL DE TOULOUSE

Par PIGANIOL DE LA FORCE (*)

L'HOTEL DE TOULOUSE.

Cette maison fut bâtie sur les dessins de François Mansard vers l'an 1620, pour Raimond Phélipeaux, sieur d'Herbault, de la Vrillière et du Verger, Secrétaire d'État. Elle était une des plus curieuses qu'il y eût à Paris, par le grand nombre de beaux tableaux, de statues et de bustes antiques qu'elle renfermoit. Quoique dès l'an 1705, M. de la Vrillière Secrétaire d'État, l'eût vendue au sieur Rouillier, Maître des Requêtes de l'Hôtel, l'un des fermiers des Postes, on l'a toujours appelée l'*Hôtel de la Vrillière* jusqu'en 1713, que S. A. S. Monseigneur le Comte de Toulouse l'ayant achetée, elle quitta son ancien

(*) Piganiol de la Force, sous-gouverneur des pages du Comte de Toulouse; né en Auvergne en 1673, mort à Paris en 1753.

nom pour prendre celui du Prince à qui elle appartenoit. Dès l'an 1713, l'on commença à y travailler sans relâche à la rendre digne de loger son nouveau Maître, et l'on y fit des changements si considérables, que la galerie n'a été achevée qu'en l'année 1719. Tous ces changements ont été faits sous la conduite du sieur *Robert de Cotte*, premier Architecte du Roi.

LA GALERIE.

Cette superbe galerie a vingt toises ou cent vingt pieds de longueur, sur dix-neuf pieds quatre pouces de largeur.

C'est au génie et à l'habileté de *François Mansard* que cette galerie doit la régularité de ses proportions; car comme il se vit gêné à l'un de ses bouts par la rencontre de la rue Neuve des Bons-Enfants, qui en rendoit le plan biais et irrégulier, cet architecte s'avisa d'y remédier par une trompe, et de la faire avancer en saillie sur cette rue, afin de gagner, par ce moyen, la largeur qui lui manquoit. Cette trompe fut exécutée par maître *Philippe le Grand*. L'artifice n'en paroit pas au dehors, il est même caché, et recouvert de pierres en dedans. Mais les lits de ces pierres par dedans sont tous faits par entailles, et si adroitement enclavés les uns dans les autres, qu'encore que cette masse soit toute suspendue et soutenue en l'air, elle durera néanmoins plus longtemps que toutes les autres parties de cet Hôtel, pour solides qu'elles soient.

Cinq grandes fenêtres ceintrées, qui répondent à autant d'arcades remplies de glaces de miroir, règlent l'ordonnance de l'Architecture. Tous les ornements de sculpture sont de *Vassé* et d'un fini merveilleux. Ce sont des sujets pris de la marine ou de la chasse, c'est-à-dire de ce qui faisoit l'occupation sérieuse du Prince, ou de ce qui lui servoit d'amusement. Cette galerie est voûtée d'un berceau à plein ceintre, que *François Perrier* peignit en 1645, au retour de son second voyage d'Italie. Il partagea cet espace en cinq grands tableaux.

Apollon ou le soleil est peint dans le tableau du milieu de la voûte, et les éléments sont les sujets des quatre autres. Apollon est ici représenté d'une jeunesse, d'un éclat, et d'une majesté dignes du dieu de la lumière : il est précédé par l'aurore, et par de petits zéphirs occupés à verser la rosée du matin et est accompagné de son cortége ordinaire. La nuit est dans un coin du tableau et se réveille à mesure qu'elle sent l'approche du soleil.

Dans les deux tableaux qui sont à côté de celui dont je viens de parler, et du côté de la cheminée, le peintre a représenté, sous des figures allégoriques, la *Terre* et le *Feu*. La première est désignée par l'enlèvement de Proserpine par Pluton ; et le feu par Jupiter armé de sa foudre et de tout l'éclat de sa majesté qui va rendre visite à Sémélé.

Les deux qui sont du côté de la porte, représentent l'air et l'eau. L'air est ici représenté par Junon, l'implacable ennemie des Troyens, qui prie Éole de déchaîner les vents, et de faire périr la flotte qui portait en Italie les débris de Troie, et ses dieux vaincus. L'eau est enfin représentée par Neptune et Thétis.

Les trumeaux sont décorés par des tableaux des plus excellents peintres.

Le premier qui se présente, à main droite en entrant, représente la mort de Marc-Antoine. Tout le monde sait qu'après la perte du combat naval d'Actium, Cléopâtre prit la fuite, et que Marc-Antoine qui en étoit éperdûment amoureux, la suivit à Alexandrie pour y mettre de nouvelles forces sur pied. L'année suivante Auguste porta la guerre en Égypte, et, par une suite continuelle de victoires, réduisit Marc-Antoine à se donner lui-même la mort à l'âge de 56 ans. Ce tableau est d'*Alexandre Véronèse* (*).

Le bas-relief qui est au-dessous de ce tableau représente Arion qui se lance dans la mer, et trouve un Dauphin qui était accouru au son de son luth, et qui le porta sur son dos jusqu'au *cap Ténare,* aujourd'hui le *cap de Matapan.*

(*) Voir ci-après page 17.

Dans le tableau qui est ensuite, on voit *Coriolan* qui relève *Véturie* sa mère et *Volumnia* sa femme qui s'étoient prosternées à ses pieds. Il s'appelloit *Caius Martius*, et fut surnommé *Coriolan* pour s'être rendu maître de la ville de *Corioli* sur les Volsques. Il fut ensuite banni de Rome; mais les Volsques, qui avoient souvent éprouvé sa valeur, le prirent pour leur général, et sous sa conduite ils devinrent aussi redoutables aux Romains, que les Romains l'avoient été à leur égard. Après la prise de quelques places, il vint camper à la vue de Rome, et la jeta dans la dernière consternation par la crainte d'un Siège qu'elle ne pouvoit soutenir à cause des divisions qui y régnoient alors. Ni les députations du Sénat, ni celles des Pontifes ne purent fléchir Coriolan : il ne se rendit qu'aux prières et aux larmes de Véturie, de Volumnia et de ses enfants. Ce tableau est du *Guerchin* (*).

Le bas-relief qui est au-dessous de ce tableau représente Méléagre qui ayant tué un Sanglier qui ravageoit les campagnes du Royaume de son père, en présente la hure à Atalante qui lui avoit porté le premier coup. Méléagre était fils d'Oënée, roi d'Étolie, qui pour avoir négligé Diane dans les sacrifices qu'il faisoit aux dieux, en fut puni par un Sanglier qui détruisoit tout ce qu'il rencontroit dans les campagnes. Méléagre fit assembler tous les chasseurs de la Grèce pour prendre cette bête. Atalante fille d'Iasius roi d'Arcadie s'y

(*) Voir ci-après page 17.

trouva aussi et lui porta le premier coup. Quand il fut mort Méléagre lui en donna la hure; mais les oncles de ce prince la lui arrachèrent. Méléagre en fut si piqué qu'il les fit mourir. Sa mère Altée en fut si outrée que pour venger la mort de ses frères, elle jeta dans le feu un tison à la durée duquel la vie de Méléagre étoit attachée, et fit ainsi mourir son propre fils.

Faustule, berger des troupeaux du roi Amulius, ayant rencontré une louve qui allaitoit Remus et Romulus, enfants de la vestale Rhéa Silvia, qu'Amulius son oncle avait fait exposer sur les bords du Tibre, apporte un de ces enfants à sa femme *Acca Laurentia,* laquelle est dans sa cabane. Tout est parfait dans ce tableau, dessin, couleur, expression, figure, paysage; en un mot, c'est un aussi beau tableau qu'il y en ait; car ce ne seroit point en donner une assez juste idée de dire que c'est le chef-d'œuvre de *Piètre de Cortone.* Faustule porte à sa femme l'un de ces petits innocents qu'il vient de dérober à la fureur d'Amulius, et au danger qu'il couroit sur le Tibre. Cet enfant parait presque aussi vrai qu'il étoit lorsque *Rhéa* le mit au monde. L'amour brille dans les yeux d'*Acca Laurentia,* et rehausse sa beauté et la douceur de son visage. Ses bras sont ronds, ses mains tendres, et son attitude admirable. Pour ce qui est de Faustule, la figure en est parfaite (*). Ses yeux vi-

(*) Sauval.

vants, ses cheveux naturels, ses bras nerveux, ses jambes fermes, ses épaules vigoureuses et ses habits rustiques, prouvent que si *Piètre de Cortone* a passé pour un des plus gracieux et des plus savants peintres du dernier siècle, ce n'est pas sans raison (*).

Le bas-relief qui accompagne ce Tableau nous fait voir *Amphitrite* sur le rivage de la mer. Elle étoit fille de *Nérée* ou de l'Océan et de *Doris,* et femme de Neptune. Les Poëtes disent qu'Amphitrite ayant de l'aversion pour le mariage, un Dauphin que Neptune avoit chargé de cette négociation lui persuada néanmoins d'épouser ce dieu.

L'enlèvement d'*Hélène* par *Pâris* fils de Priam et d'Hécube. Tout le monde sait qu'Hélène étoit femme de Ménélas Roi de Sparte et la plus belle personne de son temps. Pâris de son côté étoit l'homme de la meilleure mine et le plus adroit qu'il y eût; un homme enfin qui troubla le ciel et la terre, et dont on auroit pu dire ce que *La Fontaine* a dit de Joconde :

La moitié lui portoit envie
L'autre moitié brûloit pour lui d'amour.

Ce tableau est un des meilleurs du *Guide,* et de sa manière la plus tendre. Les figures en sont excellentes, mais celle d'*Hélène* et de *Pâris,* sont bien

(*) Voir ci-après page 17.

plus parfaites que les autres. La seule chose qui manque dans ces figures, c'est l'action et le mouvement. On ne devineroit jamais que c'est un enlèvement, tant les personnages sont tranquilles. Ce Tableau fut fait pour le Roi d'Espagne, mais ce Prince le trouvant trop cher, le *Guide* le vendit à un curieux de Lyon qui l'acheta pour la Reine Marie de Médicis; mais, dans ce même temps, cette Princesse ayant été obligée de se retirer de la Cour, le tableau demeura au Marchand de Lyon qui à la fin le vendit à *Louis Phelipeaux,* seigneur de la Vrillière et de Chateauneuf, Secrétaire d'État. Malgré l'excellence de ce Tableau, l'on peut dire que le voisinage de celui de Piètre de Cortone, dont je viens de parler, ne lui est point favorable (*).

Le bas-relief qui accompagne ce tableau, représente *Apollon* qui tue le serpent *Pithon.* Ce serpent, selon la Fable, s'étoit formé du limon que les eaux du Déluge laissèrent sur la terre. Il fut tué par Apollon, ce qui donna lieu aux *Jeux Pithiens.*

Le Tableau qui vient ensuite est du *Poussin,* et le sujet en est pris de l'Histoire Romaine. Le Dictateur *Camille* ayant assiégé *Falère* qui étoit la principale ville des Falisques, un Maître d'École qui étoit dans cette Ville, conçut le dessein de la livrer aux Romains; et pour y réussir, il mena les enfants des principaux des Falisques dans le camp de Camille. Ce

(*) Voir ci-après page 17.

Général eut horreur de la perfidie de cet homme, le renvoya, pieds et mains liés, aux Falisques et l'abandonna à la discrétion de ses Écoliers qui le fouettèrent de toutes leurs forces. Ce tableau est un des meilleurs *du Poussin*. Sur le visage du Maître d'École, l'on voit la honte, le repentir et la crainte de la mort. Sur ceux des enfants, de même que dans leurs attitudes, on remarque cette joie et cette satisfaction naturelle aux hommes lorsqu'ils peuvent se venger de la dureté de leurs supérieurs. Les airs de tête, la variété des passions, le choix des draperies, l'union des couleurs et la composition rendent ce Tableau un des plus beaux qu'il y ait (*).

Le bas-relief qui est au-dessous nous fait voir *Neptune* au milieu des flots, dans l'équipage et avec le cortège que Virgile lui donne, c'est-à-dire dans un char dont les roues touchoient à peine l'eau, accompagné de toutes les Divinités de la mer, des Tritons et des Dauphins. Tout le monde sait que *Neptune* étoit fils de Saturne et de Rhée et frère de Jupiter et de Pluton. Dans le partage que ces trois frères firent du Monde, Neptune eut pour son lot la Mer et les Iles. Cicéron dit que son nom vient de nager *à nando,* ou de couvrir *à nubendo, hoc est tegendo,* parce que la mer couvre plus de la moitié de la surface de la terre; mais son vrai nom étoit *Posseidon,* c'est-à-dire *brise Vaisseau*.

(*) Voir ci-après page 17.

La cheminée de cette Galerie est superbement décorée, et d'une manière allégorique. Dans le fond est une grille enrichie de deux figures de bronze doré d'or moulu, dont l'une représente l'*Océan,* et l'autre *Thétis* sa femme (*).

Sur le manteau, dans les gorges de cette cheminée, sont deux Tritons dorés d'or moulu, groupés avec des coquilles, et qui portent des Torchères à cinq branches.

A chaque côté de cette cheminée est une niche; dans celle qui est à droite, doit être une statue en partie dorée d'or moulu, et en partie de couleur de fumée. Cette figure représentera l'*Europe,* et sera groupée avec les attributs qui lui conviennent. Dans la niche qui est à gauche, sera l'*Asie* traitée dans le même esprit et dans le même goût que celle de l'Europe.

Au-dessus de la cheminée et de la corniche, est la *Marine* sous la figure d'une femme richement vêtue et groupée avec une proue de Vaisseau chargée de cornes d'abondance, et accompagnée des vents et de trophées convenables au sujet.

Aux côtés de ce groupe principal, sont des groupes de Tritons qui portent des attributs de l'amirauté.

En continuant à parcourir les tableaux qui ornent les trumeaux qui sont du côté du Jardin, le premier

(*) Ces deux pièces n'ont point été retrouvées.

qui se présente est le Combat des Romains et des Sabins. Ce tableau est du *Guerchin* (*).

Le bas-relief qui est au pied de ce tableau nous fait voir *Diane* qui, après s'être fatiguée à la chasse, se repose avec ses compagnes. Diane étoit fille de Jupiter et de Latone. Comme elle aimoit la chasse, les Grecs la regardèrent comme la divinité de celles qui aimoient le même exercice, et lui donnèrent des Vierges pour Compagnes, à cause de l'amour qu'elle avoit pour la chasteté. Voilà les raisons pour lesquelles les Poëtes la représentent avec un carquois et des chiens, traînée dans un char par des cerfs blancs.

Auguste qui fait fermer le temple de Janus, et fait un sacrifice à la Paix. Ce tableau est un des plus beaux qu'ait faits *Carlo Maratti* (**).

L'enlèvement d'*Europe* par *Jupiter,* fait le sujet du bas-relief qui accompagne le tableau dont je viens de parler. Ovide et les autres Poëtes ont débité beaucoup de fables sur l'histoire d'Europe. Tout ce qu'on en peut dire de plus vraisemblable, c'est que quelques Marchands de l'Ile de Crète, étant allés sur les côtes de Phénicie, et y ayant vu la jeune Europe, fille d'Agénor, Roi de ce pays, ils l'enlevèrent pour leur Roi *Astérius,* l'an du monde 2517 et, comme sur la proue de leur vaisseau il y avoit un Taureau sculpté et que leur Roi *Astérius* se faisoit appeller

(*) (**) Voir ci-après page 17.

Jupiter, on publia que le dieu Jupiter s'étoit métamorphosé en Taureau pour enlever cette princesse.

Un Seigneur en robe de chambre qui reçoit la visite d'un Guerrier. Ce tableau est du *Valentin* (*).

Le bas-relief qui accompagne ce Tableau représente *Céphale* qui tue *Procris*, sa femme. Céphale étoit fils de Déjon, Roi d'une partie de la Phocide ou, selon d'autres, de Mercure, et de Hersé fille de Cécrops. Procris était fille d'Ericthée, Roi d'Athènes. Ils étoient tous deux fort aimables, et il n'en fallut pas davantage pour jeter le trouble dans leur union. Céphale aimoit éperdûment la chasse, et quittoit tous les matins l'aimable Procris, ce qui fit dire que l'aurore était devenue amoureuse de Céphale et qu'elle l'avait enlevé. Procris, devenue jalouse, s'alla un jour cacher dans un buisson pour observer les démarches de son mari qui, l'ayant prise pour une bête, lui lança son dard. Procris en mourut, et fit à Céphale l'adieu du monde le plus tendre, selon Ovide qui lui fait dire :

Hei mihi! conclamat, fixisti pectus amicum.
Hic locus a Cephalo vulnera semper habet.

Ah! vous avez blessé une personne qui vous aimoit tendrement. Mon cœur a toujours été le but des traits de Céphale.

La Sibylle Cumée qui montre à Auguste une

(*) Voir ci-après page 17.

Vierge dans le Ciel, tenant entre ses bras Notre-Seigneur Jésus-Christ. Ce Tableau est de *Piètre de Cortone* (*).

Le bas-relief qui est au-dessous de ce Tableau, représente *Galathée* dans une conque marine et se promenant sur la mer. Cette Divinité marine étoit fille de Nérée et de Doris, et fut aimée du cyclope Polyphème qu'elle méprisa pour le Berger Acis.

Dans le dixième et dernier Tableau l'on voit César qui répudie *Pompeia* et épouse *Calpurnie* en sa place. Ce fut à cette occasion qu'il dit : *que la femme de César devait être exempte non seulement de crime, mais encore de tout soupçon.* Il en trouva une de ce caractère dans Calpurnie, fille de Pison.

Le bas-relief qui accompagne ce Tableau, nous fait voir *Adonis* qui se repose au retour de la chasse. Ce charmant Prince était fils d'Ammon et de Mirrha, et régna en Égypte, où il s'appliqua à cultiver l'esprit de son peuple, et à lui enseigner l'agriculture. Il épousa *Astarté* ou *Vénus* et ils s'aimèrent comme s'ils n'avoient point été mariés. Au reste, c'étoit un déterminé chasseur, qui étant allé un jour à la chasse sur le mont Liban, en Syrie, fut blessé à l'aîne par un sanglier. Tout le monde le crut mort, et il fut pleuré dans toute l'Égypte et la Phénicie; mais étant guéri contre toute apparence, on témoigna partout autant de joie qu'on avait marqué de tristesse. Il fut

(*) Voir ci-après page 17.

tué quelque temps après dans une bataille, et Vénus, sa femme, le fit mettre au nombre des dieux.

Au-dessus de la porte par laquelle on entre dans cette galerie et en face de la cheminée, est la figure de Diane, suivie de ses Compagnes; elles semblent être agréablement surprises de la beauté et de la magnificence de ce lieu. La joie, l'étonnement et l'admiration se font remarquer sur leurs visages.

Aux deux côtés de ce Groupe, au-dessus de la corniche, sont deux Groupes de satyres et des femmes qui badinent avec des oiseaux de proie, des têtes de bêtes fauves, et des trophées de chasse.

Aux côtés de cette porte sont deux niches qui doivent être remplies par deux Groupes dorés en partie d'or moulu et en partie de couleur de fumée, dont l'un représente l'*Afrique*, et l'autre l'*Amérique* avec leurs attributs.

Cet Hôtel appartient à S. A. S. Monseigneur le Duc de Penthièvre, Amiral de France; et est occupé par ce Prince, et par S. A. S. Madame la Comtesse de Toulouse, sa mère.

NOTICE SUR LES TABLEAUX DE LA GALERIE DE L'HOTEL DE TOULOUSE.

A droite en entrant :

1° MORT DE CLÉOPATRE; par *TURCHI* (*Alexandro*), dit *Alexandre Véronèse.*

Aujourd'hui au Musée du Louvre (n° 426 du catalogue); copie par M. *RONJAT* (*Eugène*).

2° CORIOLAN VAINCU PAR LES LARMES DE SA FAMILLE; par *BARBIERI* (*Giovanni Francesco*) dit *le Guerchin.*

Aujourd'hui au Musée de Caen; copie par M. *GUIBERT* (*Eugène*).

3° ROMULUS ET REMUS RECUEILLIS PAR FAUSTULUS; par *BERRETTINI* (*Pietro*), dit *Piètre de Cortone*

Aujourd'hui au Musée du Louvre (n° 78 du catalogue); copie par M. *VIMONT* (*Édouard*).

4° ENLÈVEMENT D'HÉLÈNE; par *GUIDO RENI*, dit *le Guide.*

Aujourd'hui au Musée du Louvre (n° 339 du catalogue); copie par M. *SAINTIN* (*Jules Émile*).

5° CAMILLE LIVRE LE MAITRE D'ÉCOLE DES FALISQUES A SES ÉCOLIERS; par *LE POUSSIN* (*Nicolas*).

Aujourd'hui au Musée du Louvre (n° 436 du catalogue); copie par M. *RAVERGIE* (*Hippolyte Claude*).

A gauche en entrant :

1° CÉSAR APRÈS AVOIR RÉPUDIÉ POMPÉIA ÉPOUSE CALPURNIE; par *BERRETTINI* (*Pietro*), dit *Piètre de Cortone.*

Aujourd'hui au Musée de Lyon; copie par M. *GOSE* (*François*).

2° LA SIBYLLE DE CUMES ANNONÇANT A AUGUSTE LE LIBÉRATEUR DU GENRE HUMAIN, par *BERRETTINI* (*Pietro*), dit *Piètre de Cortone.*

Aujourd'hui au Musée de Nancy; copie par M. *BOUCHARD* (*Pierre Louis*).

3° ADIEUX D'HECTOR A PRIAM, par *BARBIERI* (*Giovanni Francesco*), dit *le Guerchin.*

Aujourd'hui au Musée de Marseille; copie par M. *RAVERGIE* (*Hippolyte Claude*).

4° AUGUSTE OFFRANT UN SACRIFICE A LA PAIX, APRÈS AVOIR FAIT FERMER LE TEMPLE DE JANUS, par *Carlo MARATTI*, dit *Carle Maratte.*

Aujourd'hui au Musée de Lille; copie par M. *HANSMAN* (*Antonio*).

5° HERSILIE SÉPARANT ROMULUS DE TATIUS, par *BARBIERI* (*Giovanni Francesco*), dit *le Guerchin.*

Aujourd'hui au Musée du Louvre (n° 56 du catalogue); copie par M. *ABEL* (*Marius*), — mort en 1870.

Pl. III

O. ROTY

CENTENAIRE DE LA BANQUE DE FRANCE

NOTICE

SUR LA RECONSTRUCTION

DE LA GALERIE

DE L'HOTEL DE TOULOUSE

NOTICE

SUR LA RECONSTRUCTION

DE LA GALERIE

DE L'HOTEL DE TOULOUSE

C'est en 1635 et non pas en 1620, comme le dit Piganiol de la Force, que fut bâti l'Hôtel occupé aujourd'hui par la Banque de France et généralement connu sous le nom d'*Hôtel de Toulouse*.

François Mansard, qui en fut l'architecte, était né en 1598 et ce n'est pas à l'inexpérience d'un jeune homme de vingt-deux ans qu'on eût confié une construction aussi importante.

Il résulte d'ailleurs de documents authentiques

que cet Hôtel ne fut commencé qu'au mois de Mars 1635.

Les devis et marchés des travaux de maçonnerie et de charpente, passés en l'étude de Me Lecat notaire, sont datés du 8 mars « *après midy* ». Ils sont signés de Jehan Pastel maître-maçon, de Claude Dublet juré du Roy ès-œuvres de charpenterie et de Louis (*) Phélypeaux Chevalier, Seigneur de la Vrillière, conseiller du Roy en son conseil d'État, et secrétaire de ses commandements.

La construction de l'Hôtel dura assez longtemps; la Galerie en particulier n'était pas terminée en 1640; la rue Neuve-des-Bons-Enfants, aujourd'hui rue Radziwill, n'a été ouverte, en effet, qu'en 1640 et c'est à cause de la rencontre de cette rue que, voulant conserver à sa galerie ses proportions projetées, Mansard eut recours à l'artifice de construction dont parle Piganiol.

L'Hôtel de la Vrillière, après avoir appartenu à différents propriétaires, qu'indique cet auteur, fut acheté en 1713 par Louis-Alexandre de Bourbon, Comte de Toulouse, deuxième fils légitimé de Louis XIV et de Madame de Montespan.

Ce prince abandonna le séjour de Versailles pour celui de Paris, lorsque le Duc d'Orléans, Régent, fut

(*) Et non pas *Raimond*, comme le dit Piganiol. Il se corrige du reste lui-même dans la notice qu'il donne sur le tableau du Guide « l'*Enlèvement d'Hélène par Pâris.* »

venu se fixer au Palais-Royal; et ce n'est probablement qu'à cette époque, c'est-à-dire vers 1715, qu'il imprima une sérieuse activité aux embellissements de son Hôtel, sous la direction de Robert de Cotte.

Le Comte de Toulouse, dont Saint-Simon a dit : « *qu'il était l'honneur, la vertu, la droiture, l'équité même* » épousa, en 1723, la veuve du Marquis de Gondrin, sœur du Duc de Noailles. Il n'en eut qu'un fils, le Duc de Penthièvre, « *Louis-Jean-Marie de Bourbon* » à qui sa bienfaisance valut une telle popularité qu'il ne fut pas même inquiété pendant la Révolution.

Le Duc de Penthièvre fit exécuter de grands travaux à l'Hôtel de Toulouse, qui prit alors le nom d'*Hôtel de Penthièvre*. C'est lui qui fit élever les bâtiments en bordure sur la rue de la Vrillière jusqu'à la rencontre de la rue Neuve-des-Petits-Champs.

Le Duc eut deux enfants, le Prince de Lamballe, mort sans postérité en 1769, et Louise-Marie-Adelaïde de Bourbon-Penthièvre qui épousa Louis-Philippe-Joseph d'Orléans, mort sur l'échafaud en 1793.

A la mort du Duc de Penthièvre, la même année, ses biens furent déclarés Propriété Nationale, par application des lois contre les émigrés. En effet, son petit fils, le Duc de Chartres, plus tard le Roi Louis-Philippe, que l'on regardait comme son héritier, venait de sortir de France avec Dumouriez.

La duchesse douairière d'Orléans, qui était la véritable héritière du Duc de Penthièvre et qui n'avait pas quitté la France, put, en l'an III, quand les temps furent devenus plus calmes, revendiquer ses biens patrimoniaux, dans lesquels était compris l'Hôtel de Penthièvre. Mais l'Hôtel était occupé par les Imprimeries « *du Bulletin des Lois* et *de la République* » pour l'installation desquelles on avait dépensé plus de 500,000 livres. La Duchesse, alors retenue dans un établissement hospitalier de la rue de Charonne, consentit, pour recouvrer sa liberté, à céder ses biens à l'État moyennant une rente de 100,000 livres. Plus tard, en 1797, elle quittait la France pour se retirer en Espagne (*).

L'installation de l'Imprimerie Nationale ne fut pas un événement heureux pour l'Hôtel de Penthièvre. Quand on en eut enlevé, au profit du Musée récemment créé, les richesses artistiques que ses propriétaires successifs y avaient accumulées, on ne se borna pas à y élever les constructions nouvelles nécessaires au service de l'Imprimerie, mais sous l'empire des passions du temps, les deux cents ouvriers employés à ce travail s'étudièrent à effacer, dans toutes les parties de l'Hôtel, tous les emblèmes d'un régime disparu.

La Galerie n'échappa à la dévastation que parce qu'on eut l'idée d'en faire un magasin à papier; elle perdit cependant sa cheminée ornée de bronzes

(*) Histoire de l'Imprimerie Impériale de France, par F. A. Duprat, Secrétaire du Conseil. — Paris, 1861. Imprimé par autorisation de l'Empereur à l'Imprimerie Impériale. — 1 vol. in-8°.

dorés et les tableaux de maîtres enchâssés dans ses lambris. Pour ne pas laisser les cadres vides on les tapissa d'un papier de tenture à emblèmes patriotiques.

La Banque en conserve encore des échantillons où l'on voit, disposés sur un treillis de ruban tricolore entrelacé de couronnes de chêne, la cocarde, le bonnet phrygien, le lion, la balance, etc.

L'Imprimerie fit un séjour de treize ans à l'Hôtel de Penthièvre.

Dès l'an VIII, il avait été question de la déplacer; la Banque de France, récemment établie dans l'Hôtel de Massiac, place des Victoires au coin de la rue des Fossés-Montmartre, devait être chargée, à partir du 1er Nivôse an IX, du paiement des rentes et des pensions; le local dont elle disposait, déjà trop resserré pour ses opérations ordinaires, devenant tout à fait insuffisant pour ce nouveau service, elle demanda au Gouvernement de lui céder l'Hôtel de Penthièvre.

Le 14 Fructidor an VIII, quatre régents MM. Perregaux, Perrier, Le Couteulx-Canteleu et Mallet aîné, constatèrent, après une visite des lieux faite en vertu d'une autorisation du Gouvernement, que l'Hôtel de Penthièvre pouvait très-utilement répondre à la destination à laquelle on songeait dès cette époque.

Cependant il ne fut pas donné suite à ce projet pour le moment, et la Banque dut faire construire, dans les jardins de l'Hôtel Massiac, les bureaux dont elle avait besoin. Mais huit ans après, le 6 Mars 1808, l'Empereur rendait un décret autorisant la régie de l'Enregistrement et des Domaines à céder l'Hôtel de Toulouse et ses dépendances à la Banque de France, moyennant une somme de deux millions.

L'Imprimerie Impériale, dont le même décret ordonnait la translation rue Vieille-du-Temple dans l'hôtel bâti par le Cardinal de Rohan sur une partie du terrain du vaste hôtel de Soubise, ne termina le déménagement de ses presses et de son outillage qu'au mois de Novembre 1809 ; les changements que nécessitait le service de la Banque ne purent être entrepris qu'en 1810 et ne furent terminés qu'en 1811, sous la direction de M. Delannoy, architecte, Grand prix de Rome en 1779.

Au mois de Janvier 1812, l'assemblée générale des Actionnaires se tint pour la première fois dans la Galerie.

Sur l'emplacement de la cheminée détruite en l'an III, on avait élevé une statue de Napoléon Ier ; deux victoires sculptées en bas-relief dans le tympan soutenaient des couronnes au-dessus de la tête de l'Empereur. Il semblait que l'on se fût inspiré de la statue anciennement érigée par le Duc de la Feuillade sur la place des Victoires et qui représentait le Roi Louis XIV debout couronné par une victoire.

La statue de Napoléon Ier, déplacée après les événements de 1814, fut, en 1836, transportée au musée historique de Versailles.

Depuis 1812, la Galerie, que l'usage s'est établi d'appeler la *Galerie dorée*, n'a guère servi qu'à recevoir l'assemblée annuelle des Actionnaires. Ce n'est que dans des circonstances tout à fait exceptionnelles qu'elle a été employée à d'autres usages. En 1848, on y installa le service des « *Effets en souffrance* » considérablement accru pendant la crise qui suivit la Révolution de Février. De 1858 à 1860, le public y fut admis pour souscrire aux obligations que la Banque s'était chargée d'émettre au nom et pour le compte de diverses Compagnies de Chemins de fer.

Il avait fallu d'impérieuses nécessités pour que l'on se décidât à placer des bureaux dans cette précieuse galerie; on voulait éviter les risques de dégradations auxquels elle pouvait être exposée. Mais un danger plus sérieux menaçait l'œuvre de Mansard et de Robert de Cotte. Vers 1854, on s'aperçut que le mur de la façade sur le jardin, construit en matériaux peu résistants, cédait sous l'effort qu'il avait à supporter et surplombait déjà de près de la moitié de son épaisseur; le mur opposé, pénétré par l'infiltration des eaux de pluie, donnait d'autres signes de ruine; les infiltrations de la toiture avaient altéré dans plusieurs parties les fresques de François Perrier peintes sur les plâtres de la voûte; et enfin, plus tard, des fragments de la voûte elle-même, en se détachant, vinrent démontrer quels progrès faisait la ruine du bâtiment.

Aussi dès 1854, le Conseil général de la Banque avait-il fait étudier les moyens d'assurer la consolidation des bâtiments et la restauration de la Galerie; et plus tard, en 1858, quand il eut à se prononcer sur les divers projets dressés pour l'agrandissement général de la Banque, il décida, sur l'avis de l'éminent architecte M. Labrouste, que les arts viennent de perdre, que la restauration de la Galerie dorée serait comprise dans l'ensemble des travaux dont on préparait l'exécution.

Lorsque le moment fut venu de réaliser ce projet, un savant architecte, M. Questel, Membre de l'Institut, architecte du Palais de Versailles et par conséquent familier avec l'art du siècle de Louis XIV, accepta du Conseil la mission d'étudier, dans toutes ses parties, l'état du bâtiment et d'indiquer les mesures propres à en conserver la belle Galerie.

Son avis, après une étude attentive, fut que dans l'état de délabrement du bâtiment, et en raison de la mauvaise qualité des matériaux employés dans la construction, aucune réparation n'était possible, et que la Galerie devait être reconstruite en entier.

Sous sa direction les mesures furent donc prises, pour pouvoir la reconstituer intégralement, dans son état primitif.

Deux artistes distingués, MM. Balze frères, bien connus par les belles copies de Raphaël qu'on voit aujourd'hui à l'École des Beaux-Arts, consacrèrent une année entière à reproduire sur toile les fresques du plafond; à côté d'eux M. Denuelle reproduisait, avec la même fidélité, les ornements qui encadraient les divers tableaux de la voûte; on releva dans un dessin d'ensemble et dans leurs mesures exactes, tous les détails de la riche décoration de la Galerie; on détacha avec de minutieuses précautions les groupes et les ornements en plâtre de la corniche, les boiseries sculptées furent déposées avec le plus grand soin, et, enfin quand tous les éléments d'une restitution fidèle eurent été réunis, la démolition de la Galerie et du bâtiment annexe fut commencée au mois de Février 1870.

On retrouva les anciennes fondations à huit mètres au-dessous du sol de la rue Neuve-des-Bons-Enfants; elles étaient établies sur pilotis et étaient baignées par un ruisseau qui coulait dans les fossés de l'ancienne enceinte de Charles V et qui fait sans doute partie de cet ensemble de cours d'eau souterrains qui descendent des coteaux du Nord de Paris et qu'on a rencontrés toutes les fois qu'on a dû pousser, dans certains quartiers de la rive droite de la Seine, des fondations profondes. C'est ce qui s'est produit notamment, en 1808, quand on creusa les fondations du bâtiment de la Bourse et tout récemment dans la construction du nouvel Opéra.

Les travaux de la Galerie dorée suspendus par les événements de 1870, repris au mois de Juin 1871, marchèrent dès lors sans interruption.

Le 24 Octobre 1872, on posa la clef de la nouvelle trompe et on plaça dans l'appareil une plaque commémorative portant l'inscription suivante :

M. Gustave ROULAND
Étant Gouverneur de la Banque de France
MM. CUVIER et Mis de PLŒUC
Sous-Gouverneurs
M. MARSAUD, Secrétaire général
M. CHAZAL, Contrôleur
La reconstruction de la Galerie dorée
de l'ancien Hôtel de Toulouse
Ayant été entreprise en MDCCCLXX
Par ordre du Conseil de la Banque
M. DURAND, Doyen de ce Conseil
La clef de la nouvelle trompe
qui supporte l'angle Sud-Ouest
de la dite Galerie
sur la rue Radziwill
a été posée le XXIV Octobre MDCCCLXXII
MM. QUESTEL, Architecte, Membre de l'Institut
G. RAULIN, Inspecteur des travaux
F. VERNAUD, Entrepreneur de Maçonnerie
P. LAVIT et CANIVET, Appareilleurs
E. LANTONNAT, Maître-compagnon.

Vers le milieu de l'année 1873, la grosse construction était terminée et, le 25 Novembre 1875, le Conseil procédait à la réception des derniers travaux de décoration.

Aujourd'hui, le bâtiment de la Galerie dorée reconstruit en matériaux de choix, et mis à l'abri de toute chance d'accidents par son mode de construction et par l'emploi exclusif de la pierre et du fer dans les murs, la toiture et les planchers, présente, à l'extérieur, une ordonnance différente de celle que lui avait donnée François Mansard en 1645.

La façade principale qui regarde le jardin offre six grandes baies (*) cintrées au rez-de-chaussée, rectangulaires au premier étage, séparées par cinq larges trumeaux.

Chacun de ces trumeaux est orné de deux pilastres en saillie formant contre-forts reposant sur un soubassement continu d'une grande épaisseur et couronnés par des pôts à feu au-dessus de l'acrotère.

Ces trumeaux sont en outre décorés de niches où l'on a placé des bustes en marbre trouvés dans les fondations du bâtiment adjacent à la Galerie.

Ces bustes, choisis entre le grand nombre de débris qui gisaient enfouis dans les fondations, sont évidemment ceux qui décoraient anciennement le jardin de l'Hôtel de la Vrillière et que l'on voit, dans les gravures du temps, disposés le long des murs. Les têtes, toutes antiques et représentant des Empereurs Romains, étaient adaptées à des torses relativement modernes datant de la Renaissance ou du Siècle de Louis XIV. Ces bustes ont été restaurés par M. Thomas, statuaire, Membre de l'Institut.

L'emploi des contre-forts et la grande épaisseur donnée au soubassement ont pour but d'assurer la stabilité du mur de façade en équilibrant la poussée

(*) Piganiol de la Force n'en indique que cinq, mais c'est évidemment une erreur comme le montrent les gravures du temps.

de la voûte, construite en brique creuse. Cette poussée est assez forte, parce que pour éviter des infiltrations dans la toiture, on a recouvert le bâtiment qui renferme la Galerie et l'aile adjacente d'un comble unique recouvert en plomb.

Au rez-de-chaussée, qui fut l'orangerie du Marquis de la Vrillière, sont aujourd'hui les presses de l'imprimerie de la Banque. Elles sont placées sur une série de voûtes isolées des murs du bâtiment en sorte que le mouvement de trépidation des machines ne peut se communiquer au plancher supérieur.

Ces explications étaient nécessaires pour faire comprendre pourquoi l'Architecte de la Nouvelle Galerie, M. Questel, n'a pas rebâti la façade principale telle que l'avait construite François Mansard.

A l'intérieur, au contraire, on a scrupuleusement respecté tout ce qui restait de l'œuvre de Robert de Cotte, et l'on a cherché à reproduire aussi exactement que possible tout ce qui en avait disparu.

Par bonheur les admirables sculptures de Vassé, qui forment la partie la plus considérable de la décoration de la Galerie, se trouvaient dans un très-bon état de conservation, et leur réparation, qui a consisté à rapporter quelques morceaux par incrustation là où le bois s'était écaillé, n'a guère été qu'une œuvre de patience.

Cependant on a refait en bois certains détails qui étaient originairement en carton, par exemple les crossettes qui forment le couronnement des cadres.

Les groupes de chasse et de marine qui surmontent la corniche, et les sujets qui courent dans la frise étant en plâtre avaient plus souffert que les boiseries; il a fallu de grands soins pour les détacher, sans les endommager, des charpentes auxquelles ils adhéraient; cette restauration a été conduite avec beaucoup d'habileté par M. Bocquet, sculpteur.

Tout le reste de la décoration de la Galerie, les peintures, les bronzes, la cheminée, les glaces sont entièrement neufs.

Le plafond à fresque, peint par François Perrier en 1645, est remplacé par la copie faite, en 1868 et 1869, par MM. Balze frères et Denuelle, comme il a été dit plus haut. Cette copie peinte sur toile, à l'huile matée et à la cire, a été marouflée c'est-à-dire collée sur les parois de la voûte (*). Il y a lieu de faire remarquer à ce propos que les peintures de François Perrier avaient déjà subi des remaniements en 1719, lors de la transformation de la Galerie par Robert de Cotte. Les encadrements des tableaux avaient été mis en rapport avec les nouvelles boiseries, et comme exemple de ces remaniements on cite le buste figurant dans la composition et qui est couronné par deux génies. Ce buste est, dit-on, le portrait du Comte de Toulouse. On a retrouvé à la Bibliothèque Nationale des dessins sur lesquels on voit le dessin

(*) Cette voûte n'est pas en plein cintre comme le dit Piganiol de la Force, elle est en anse de panier.

primitif, avec une feuille de retombe qui indique les changements opérés.

Une commission composée de MM. Alexandre Hesse, Henri Delaborde et Sébastien Cornu avait bien voulu, répondant à l'appel du Gouverneur de la Banque, suivre l'exécution des copies qui devaient prendre la place des peintures originales, et donner son avis sur leur réception.

La commission a jugé que MM. Balze et Denuelle avaient rendu avec une scrupuleuse exactitude toutes les parties de la fresque, après l'avoir débarrassée, avec autant de sagacité que de réserve, de la couche de poussière et de fumée déposée par le temps.

Les grandes toiles placées dans les dix grands trumeaux sont également des copies.

L'Impératrice Eugénie, lors de la visite qu'elle fit à la Banque, le 23 Juin 1866, voulut s'associer aux efforts du Conseil pour la complète restauration de la Galerie, et comme les originaux, faisant désormais partie soit du Musée du Louvre, soit de plusieurs musées de province, ne pouvaient être restitués à la Banque, et reprendre la place qu'ils occupaient en 1719, elle obtint que l'Administration des Beaux-Arts en fît faire des copies, et prît une part dans la dépense. Ce n'est également qu'après l'examen et sur l'avis de la Commission citée plus haut, que la Banque accepta les tableaux qui décorent aujourd'hui la Galerie.

La cheminée a figuré à l'Exposition universelle de

Vienne parmi les produits de l'art industriel français; le modèle en plâtre a été fait, d'après les gravures du temps, par MM. Cruchet et Gilbert sculpteurs ornemanistes.

La cheminée elle-même est en marbre Sarancolin et sort des ateliers de MM. Parfonry et Lemaire.

Les deux Tritons et les ornements en bronze doré qui la décorent, ont été fondus par la maison Denière.

La plaque de fonte qui garnit le fond de la cheminée est de l'époque et mérite, à ce titre, d'attirer l'attention. Elle porte, au centre, les armes du Comte de Toulouse, l'écu fleurdelisé de France avec la barre de bâtardise, entouré des trois colliers des ordres du Saint-Esprit, de Saint-Michel et de la Toison d'Or. Une ancre, une couronne navale, un cor de chasse, un arc et un carquois placés au bas de l'écu rappellent la charge d'Amiral de France que le Comte de Toulouse avait reçue à l'âge de cinq ans, et celle de grand veneur qu'il avait achetée 500,000 livres comptant au duc de La Rochefoucauld.

La glace d'un seul morceau qui surmonte la cheminée a été coulée à la manufacture de Recquignies, Jeumont et Aniche (*Nord*).

Les quatre statues en bois de chêne placées dans les niches aux extrémités de la Galerie et qui représentent les quatre parties du Monde sont dues au ciseau de M. Thomas. On n'en a doré que les draperies et les ornements tandis que pour les nus on a laissé le bois apparent.

Pour le dessin de ces figures, l'artiste n'a eu pour guide que son inspiration personnelle car les statues qui décoraient autrefois les niches et dont parle Blondel dans son cours d'architecture ont disparu et celles que l'on voit sur les gravures du temps semblent plutôt représenter les saisons que les quatre parties du Monde.

Les bras de lumière à cinq branches appliqués sur les pilastres, la serrure de la porte d'entrée et les baguettes ornées de fleur de lis qui encadrent les glaces des portes en face des fenêtres ont été modelés par M. Bocquet et fondus par la maison Denière.

Les espagnolettes des fenêtres et leurs supports en bronze doré ont été reproduits par M. Christofle, orfèvre, d'après un spécimen de l'époque resté en place.

Les balcons extérieurs portent en lettres dorées le chiffre de la Banque un *B* et un *F* enlacés; c'est le seul signe qui rappelle aux visiteurs le nom du propriétaire actuel de l'Hôtel de Toulouse.

L'éminent architecte à qui la conduite de cette grande et délicate restauration a été confiée, a eu à lutter contre des obstacles considérables. Non-seulement la construction du bâtiment en elle-même était difficile, à raison des mauvaises conditions du terrain, mais le problème se compliquait des exigences des importants services à établir dans les étages inférieurs, et de l'obligation de relier, par des communications faciles, le nouveau bâtiment avec les parties conservées de l'ancien Hôtel de Toulouse.

Enfin, quand, le travail de la construction achevé, il a fallu restituer fidèlement la décoration de la Galerie, M. Questel en a suivi les progrès avec une attention infatigable et n'a voulu en laisser passer aucun détail sans une longue et patiente étude.

Le public doit donc au talent éprouvé de cet éminent artiste de retrouver dans toute sa vérité une des belles œuvres du siècle de Louis XIV.

Quant à la Banque, la Galerie n'est pour ses services d'aucune utilité pratique; mais, héritière involontaire d'une œuvre d'art renommée, elle a tenu à honneur de ne pas la laisser dépérir entre ses mains, et de ne point ménager les sacrifices quand la nécessité s'en est imposée, pour conserver dans son ancienne splendeur et dans des conditions de solidité qui pussent désormais braver l'effort du temps, la Galerie de l'Hôtel de Toulouse.